교과서 읽기

받아쓰기 짱

교과서 받아쓰기에 잘 나올만한 문장이나 구절을
익혀나갈 수 있도록 단원별로 엮었습니다.

2-2

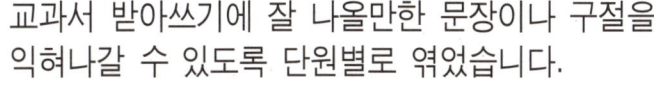

첫째 마당	1. 처음부터 하나씩 ············ 2
	2. 우리 나라의 명질 ············ 5
	3. 어머니의 일기 ············ 17
	4. 재미있는 풀 이름 ·········· 27

둘째 마당	1. 내가 왕이 될 거야 ·········· 36
	2. 농부와 세 아들 ············ 39
	3. 내가 한 명 더 있었으면 ···· 48
	4. 조약돌 ···················· 51

셋째 마당	1. 나이 자랑 ················· 64
	2. 엄마의 부탁 ··············· 72

넷째 마당	1. 간직하고 싶은 이야기 ······ 82
	2. 독장수 구구 ··············· 86
	3. 고마우신 선생님 ··········· 98
	4. 메기야, 고마워 ············ 100

1 처음부터 하나씩

읽기 6쪽

우리는 비가 온 뒤에 가끔 무지개가 뜨는 것을 볼 수 있습니다. 무지개는 공중에 떠 있는 물방울이 햇빛을 받아 생깁니다. 그래서 무지개는 비가 그친 뒤에 볼 수 있습니다.

무지개는 반원 모양의 띠처럼 생겼습니다. 빨강, 주황, 노랑, 초록, 파랑, 남색, 보라 빛깔로 이루어져 매우 아름답습니다.

우리 조상들은 무지개를 하늘과 땅을 이어 주는 다리로 여겼습니다. 그래서 선녀가 무지개를 타고 계곡에 목욕하러 내려온다는 이야기도 생겼습니다.

🌳 선을 따라가 낱말 풀이를 읽어 보세요.

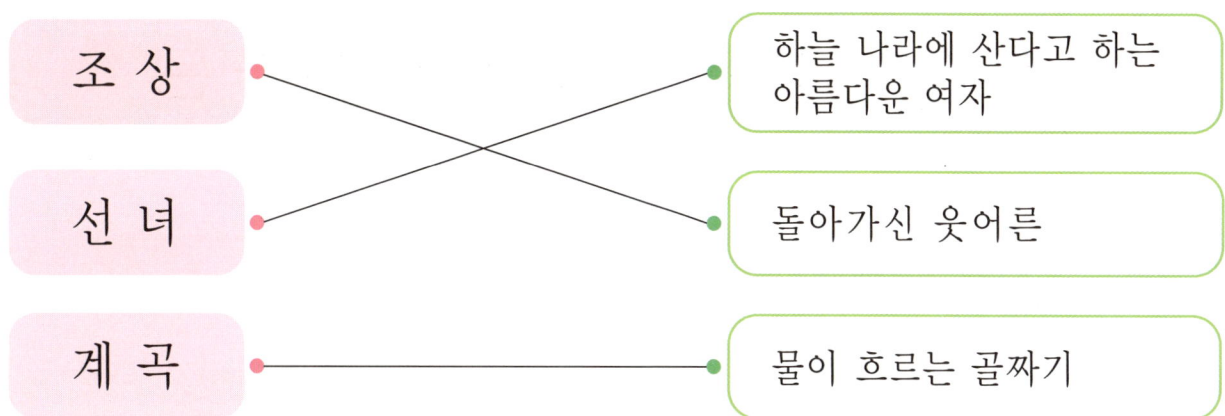

🌳 정확하게 소리내어 읽고, 바르게 써 보세요.

햇빛을 받아 생깁니다.
해 삐 츨 바 다 생 김 니 다

무지개에 얽힌 여러 가지 이야기

중국 : 무지개는 연못의 물을 빨아올려서 생기는 것으로 생각함.

노르웨이 : 무지개가 선 곳을 파 보면 금병과 금숟가락이 있다고 믿음.

정확하게 소리내어 읽고, 바르게 써 보세요.

계곡에 목욕하러 내려온다는
계 고 계 모 곡 카 러 내 려 온 다 는

반원 모양의 띠처럼

무지개	물방울	빛깔
	물 빵 울	빋 깔

2나-4

우리 나라의 명절

우리 나라의 명절 가운데에서는 추석, 설, 단오가 큰 명절입니다.

추석은 음력 8월 15일입니다. 추석 무렵이 되면 무더운 여름이 물러가고 서늘한 가을이 시작됩니다. 농부들이 여름 내내 땀 흘린 덕분에 이 무렵에는 풍성한 곡식과 과일을 거둘 수 있습니다.

이 날에는 햇곡식과 햇과일로 차례를 지냅니다. 차례를 지낸 뒤에는 송편을 비롯한 여러 가지 음식을 먹으며 하루를 즐겁게 보냅니다. 밤에는 밝은 보름달 아래에서 강강술래를 하며 놀기도 합니다.

🌳 선을 따라가 낱말 풀이를 읽어 보세요.

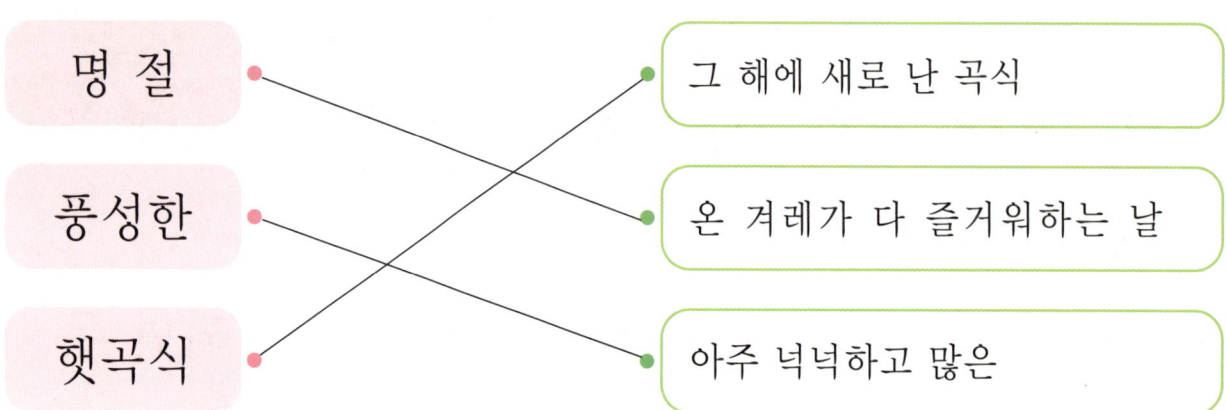

🌳 뜻풀이를 읽고, 알맞은 낱말을 써 넣으세요.

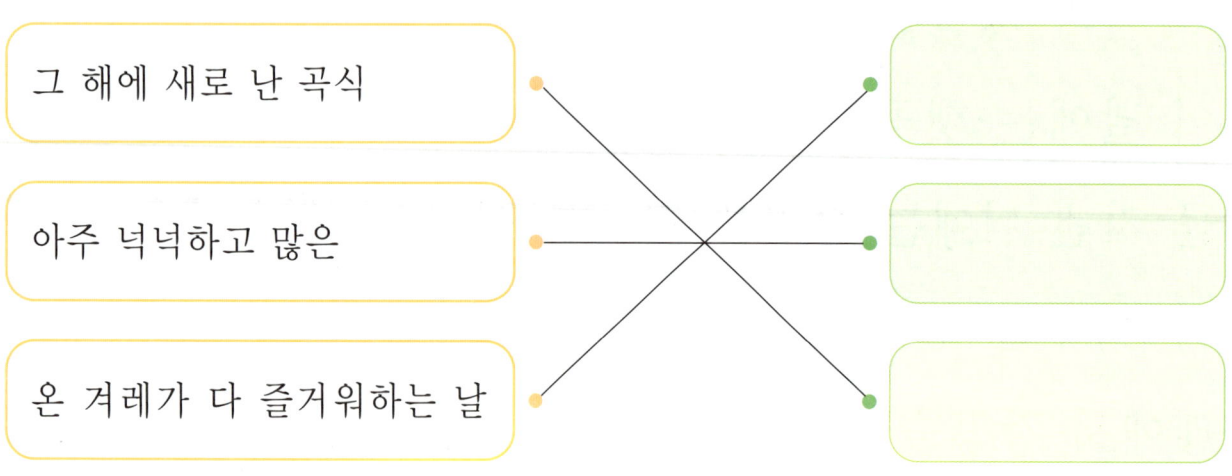

🌳 추석은 언제인가요?

➡ 음력   월   일

저녁 **석**	✏ 왼쪽의 한자를 따라 써 보세요.			
夕	夕	夕	夕	夕

정확하게 소리내어 읽고, 바르게 써 보세요.

추석 무렵이 되면
[무려비 되면]

서늘한 가을이 시작됩니다.
[서느란 가으리 시작됨니다]

햇곡식과 햇과일
[핻꼭씩꽈 핻꽈일]

정확하게 소리내어 읽고, 바르게 써 보세요.

| 송편을 비롯한 |
| 송 펴 늘 비 로 탄 |

| 덕분에 |
| 덕 뿌 네 |

| 여러 가지 음식을 먹으며 |
| 음 시 글 머 그 며 |

| 밤에는 밝은 보름달 |
| 바 메 는 발 근 |

다음 ( )안에 낱말 중 바르게 쓴 낱말에 ◯표 하고, 문장을 쓰세요.

물방울이 (해삐츨 · 햇빛을) 받아 생깁니다.
➡ 물방울이 햇빛을 받아 생깁니다.

무지개를 타고 (계곡에 · 계고게) 목욕하러
➡

추석 (무려비 · 무렵이) 되면
➡

서늘한 (가으리 · 가을이) 시작됩니다.
➡

햇곡식과 (핸꽈일 · 햇과일)로 차례를
➡

송편을 (비롯한 · 비로탄) 여러 가지 음식
➡

글자를 이어서 읽을 때의 발음에 주의하며 소리내어 읽어 봅시다.

읽기 9쪽

음력 1월 1일은 설입니다. 이 날은 묵은해를 보내고 새해를 맞이하는 첫날입니다. 그래서 새로운 마음으로 한 해의 계획을 세우기도 합니다.

설에는 차례를 지낸 뒤에 웃어른께 세배를 드립니다. 그리고 새해 첫날을 맞아 서로 행복을 기원하는 말을 주고받습니다. 설에는 떡국도 끓여 먹고, 식혜도 만들어 먹습니다. 그리고 가족이나 친척들이 모여 윷놀이나 연날리기를 하기도 합니다.

🌳 선을 따라가 낱말 풀이를 읽어 보세요.

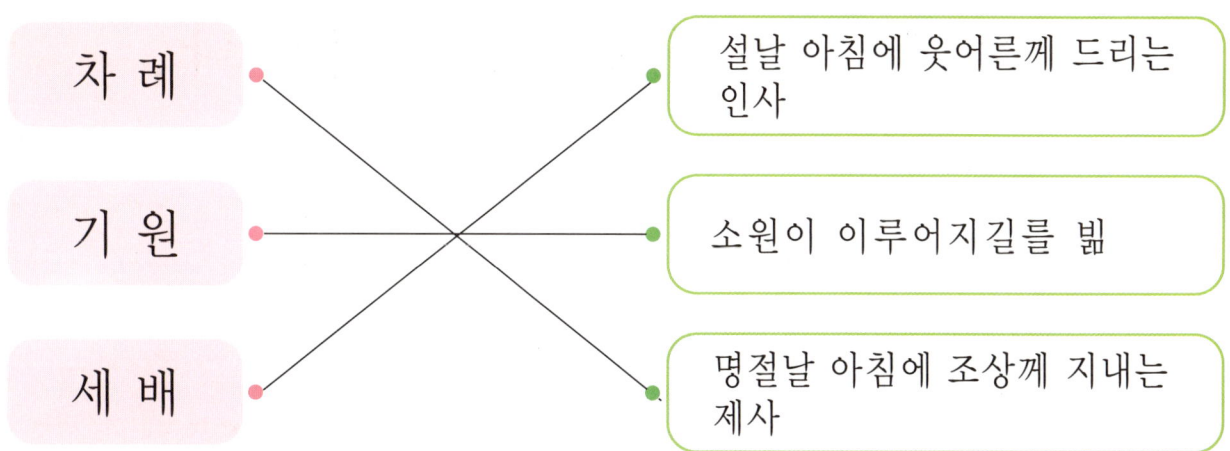

🌳 뜻풀이를 읽고, 알맞은 낱말을 써 넣으세요.

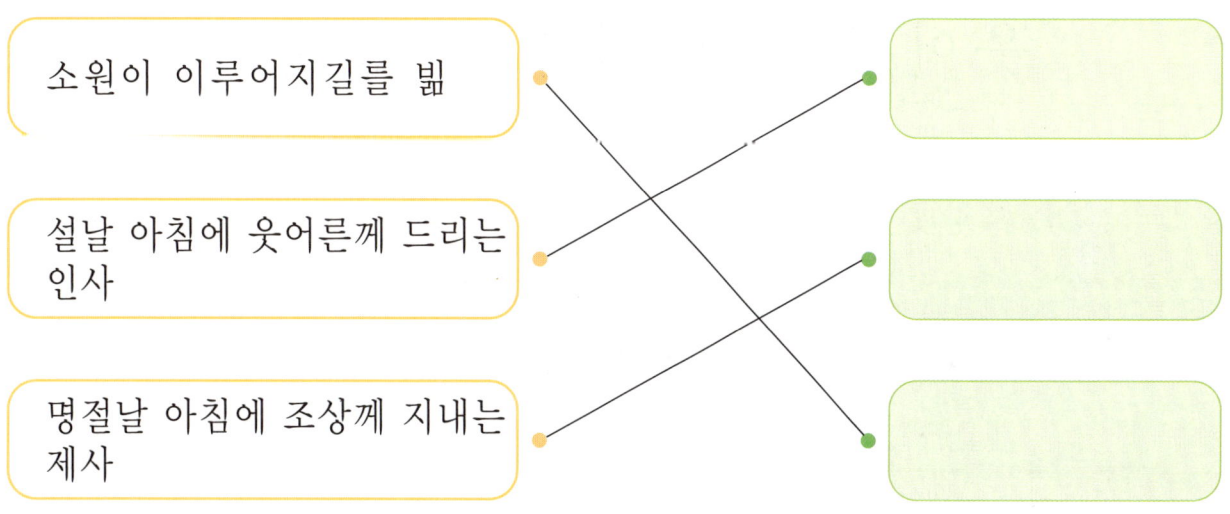

🌳 설은 언제인가요?

➔ 음력   월   일

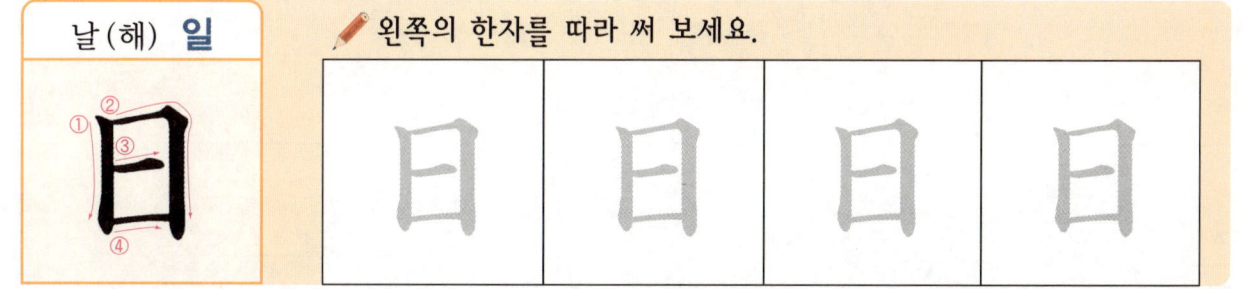

정확하게 소리내어 읽고, 바르게 써 보세요.

새해를 맞이하는 첫날입니다.
마 지 하 는   천 날 임 니 다

웃어른께 세배를 드립니다
우 더 른 께 세 배 를   드 림 니 다

설에는 떡국도 끓여 먹고
서 래 는   떠 꾹 또   끄 려 먹 꼬

글자를 이어서 읽을 때의 발음에 주의하며 소리내어 읽어 봅시다.

읽기 10쪽

음력 5월 5일은 단오입니다. 이 날에는 그 해의 풍년을 기원하는 여러 가지 행사를 합니다.

단오에는 모두 고된 일을 쉬면서 하루를 즐겁게 놉니다. 남자들은 씨름을 하고, 여자들은 그네뛰기를 합니다. 또, 여자들은 창포물에 머리를 감기도 합니다. 창포를 삶은 물에 머리를 감으면 머릿결이 좋아진다고 믿기 때문입니다.

즐겁게 놉
니다 남자드른   여자드른
살믄 무레   가므면 머리껴리 조아
진 다 고

| 다섯 오 | ✏️ 왼쪽의 한자를 따라 써 보세요. |
| 五 | 五 | 五 | 五 | 五 |

 선을 따라가 낱말 풀이를 읽어 보세요.

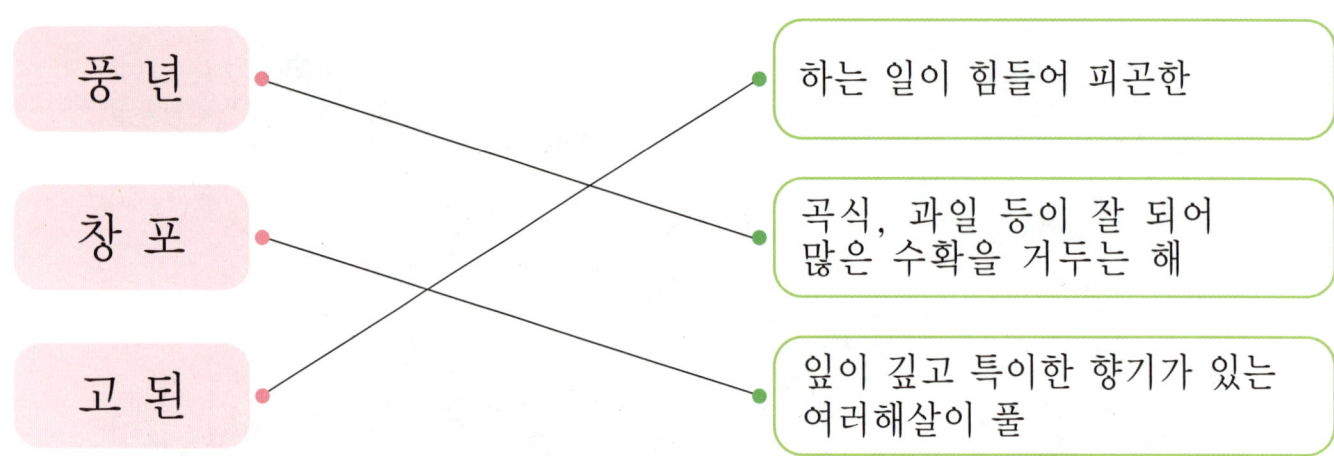

 뜻풀이를 읽고, 알맞은 낱말을 써 넣으세요.

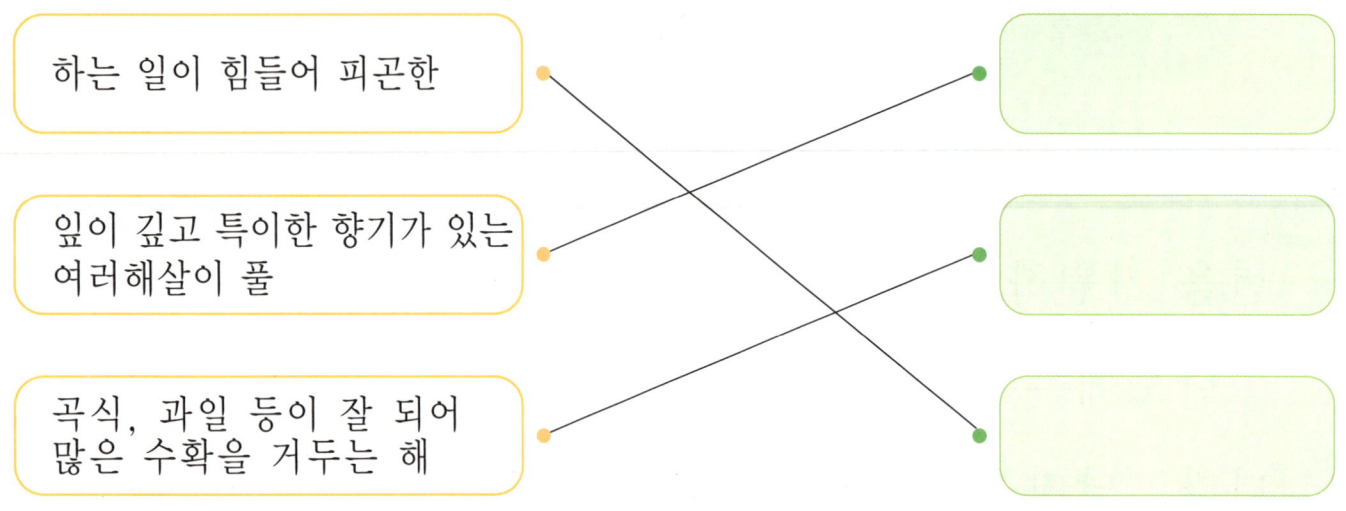

단오은 언제인가요?

➡ 음력   월   일

단오는 어떤 놀이를 하나요?

➡ 남자는   여자는

정확하게 소리내어 읽고, 바르게 써 보세요.

하루를 즐겁게 놉니다.
하 루 를 즐 겁 께 놈 니 다

삶은 물에 머리를 감으면
살 믄 무 레 머 리 를 가 므 면

머릿결이 좋아진다고
머 리 껴 리 조 아 진 다 고

 다음 (　)안에 낱말 중 바르게 쓴 낱말에 ○표 하고, 문장을 쓰세요.

한 해의 (계획을 · 계회글) 세우기도

친척들이 모여 (윤노리 · 윷놀이)를 합니다.

창포를 (삶은 · 살믄) 물에

머리를 (가므면 · 감으면)

(머리껴리 · 머릿결이) 좋아진다고

여자들은 (그내 · 그네) 뛰기를 합니다.

어머니의 일기

읽기 12쪽

　어느 날, 찬우는 어머니께서 쓰신 육아 일기를 보았습니다. 첫 장에는 찬우가 태어나자마자 찍었다는 발도장이 있었습니다. 지금의 발과는 비교가 되지 않을 정도로 아주 작았습니다.
　찬우는 어머니의 일기를 읽으면서 어렸을 때의 모습을 상상하여 보았습니다.

🌳 선을 따라가 낱말 풀이를 읽어 보세요.

육아 일기	—	서로 견주어 보는 것
비교	—	태어난 날 발바닥의 모양을 찍어 놓은 것
발도장	—	어린아이를 기르면서 쓴 일기

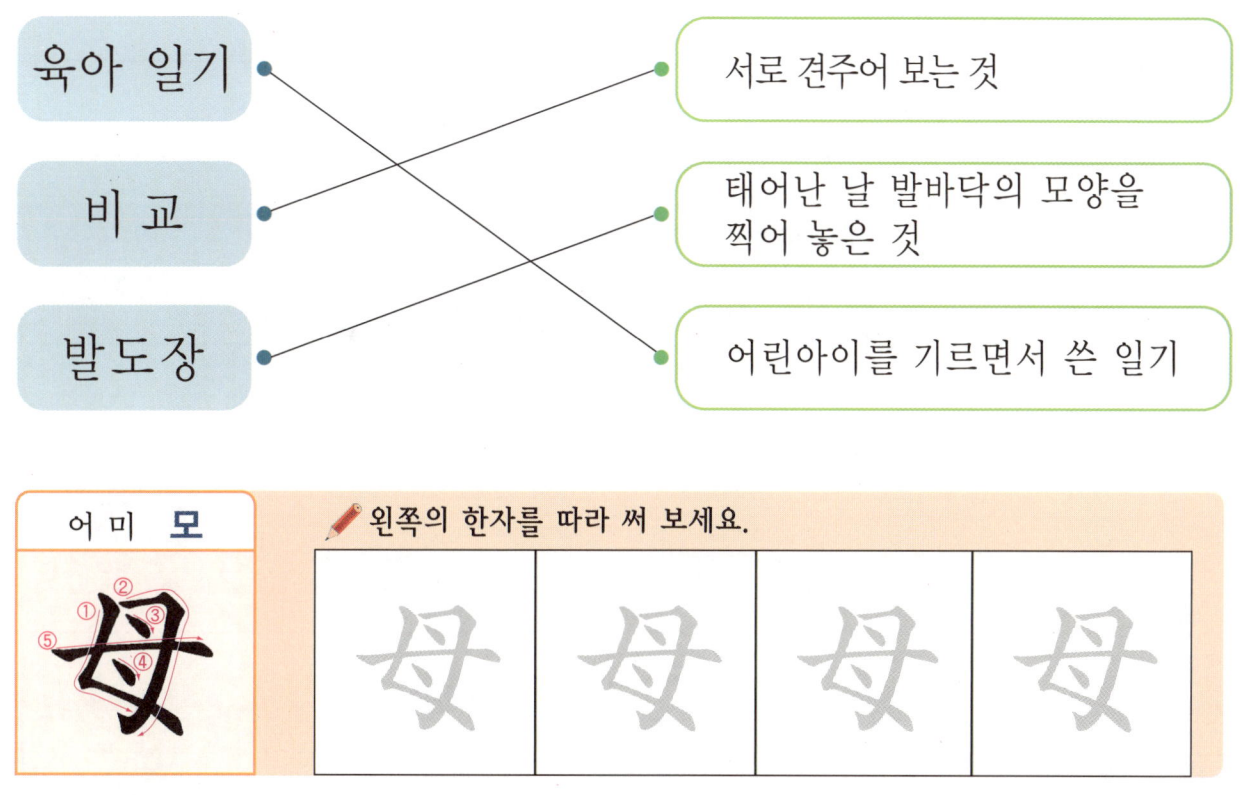

어미 **모**

✏️ 왼쪽의 한자를 따라 써 보세요.

| 母 | 母 | 母 | 母 |

정확하게 소리내어 읽고, 바르게 써 보세요.

육아일기
유 가 일 기

찍었다는
찌 걷 따 는

일기를 읽으면서
일 기 를 일 그 면 서

어렸을 때의 모습
어 렫 쓸 때 의 모 습

🌳 글자를 이어서 읽을 때의 발음에 주의하며 소리내어 읽어 봅시다.

○월 ○일 비

읽기 13~14쪽

비가 많이 내린 6월 23일 밤 11시 22분에 아기가 태어났다. 키는 50 센티미터이며, 몸무게는 3킬로그램을 조금 넘었다.

이름은 미리 지어 놓은 대로 '찬우'
이르믄   노은   차누
라고 하였다. 찬우가 튼튼하게 자랐으
                           자라쓰
면 좋겠다.
면 조켇따

○월 ○일 맑음

찬우가 태어난 지 6개월째 되는 날이다.

젖을 먹이다가 찬우의 입 안을 살펴
저즐 머기다가
보았다. 아랫니 두 개가 마치 새싹처
        아랜니
럼 뾰족하게 올라와 있었다.
  뾰쪽카게   이썯다

날 생
生

✏️ 왼쪽의 한자를 따라 써 보세요.

| 生 | 生 | 生 | 生 |

정확하게 소리내어 읽고, 바르게 써 보세요.

이름은 미리 지어 놓은
이 르 믄 미 리 지 어 노 은

튼튼하게 자랐으면 좋겠다.
튼 튼 하 게 자 라 쓰 면 조 켇 따

 찬우는 언제 태어났나요?

➜   월   일

 찬우가 태어났을 때 어머니가 바란점은 무엇인가요?

➜

정확하게 소리내어 읽고, 바르게 써 보세요.

| 젖을 먹이다가 | 아랫니 |
| 저 즐 머 기 다 가 | 아 랜 니 |

뽀족하게 올라와 있었다.
뽀 쪼 카 게 올 라 와 이 썬 따

6개월째 되는 날이다.
육 개 월 째

2나-21

○월 ○일 맑음

찬우의 첫돌이다
_{차 누 의 첟 또 리 다}

찬우가 혼자 세 발짝을 걸었다. 신기하고 대견스러워 그 모습을 사진기로
_{모 스 블}
찍으려고 했더니 더 이상 걷지 않았다.
_{걷 찌 안 따}
혼자 뒤뚱거리며 걷기가 겁이 났다 보다.
_{걷 끼 가 거 비 난 다}

○월 ○일 흐림

찬우가 태어난 지 2년이 지났다.

밤늦도록 잠을 자려 하지 않아서 불
_{밤 늗 도 록 자 믈 자 려 하 지 아 나 서}
을 껐다. 찬우가 화를 내며 말하였다.

"불 꺼 아니야."

불을 끄면 안 된다는 말을 그렇게 한
_{마 를}
모양이다.

찬우는 말을 참 재미있게 한다.

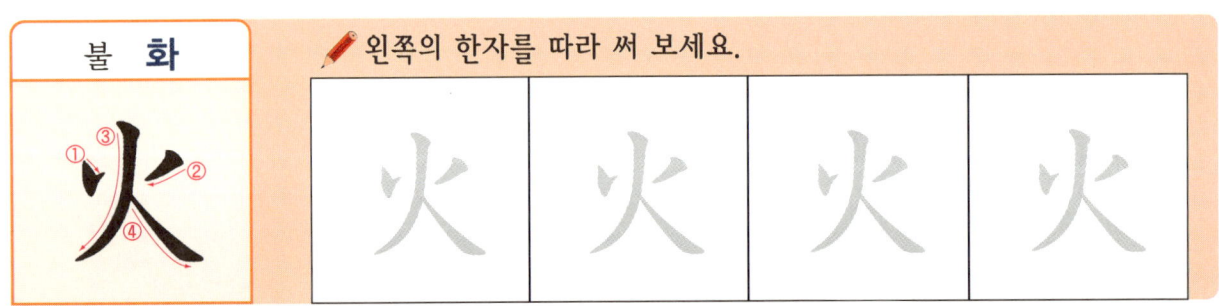

정확하게 소리내어 읽고, 바르게 써 보세요.

더 이상 걷지 않았다.
[더 이상 걷찌 아낟따]

걷기가 겁이 났나 보다.
[걷끼가 거비 난나 보다]

잠을 자려 하지 않아서
[자믈 자려 하지 아나서]

🌳 글자를 이어서 읽을 때의 발음에 주의하며 소리내어 읽어 봅시다.

읽기 15쪽

어머니께서는 찬우가 자라는 모습을 생생하게 적어
　　　　　　　차누가　　　　모스블　　　　　저거
놓으셨습니다. 그래서 찬우는 자기가 어떻게 자랐는지
노으셛씀니다　　　　　　　　　　어떠케　자란는지
잘 알 수 있었습니다.

"찬우야, 네가 쓰고 있는 일기도 이다음에 보면 좋은 기록이 될 거야."

어머니께서 말씀하셨습니다.

찬우는 이제부터 중요한 일은 모두 일기에 쓰기로 마음먹었습니다.

🌳 선을 따라가 낱말 풀이를 읽어 보세요.

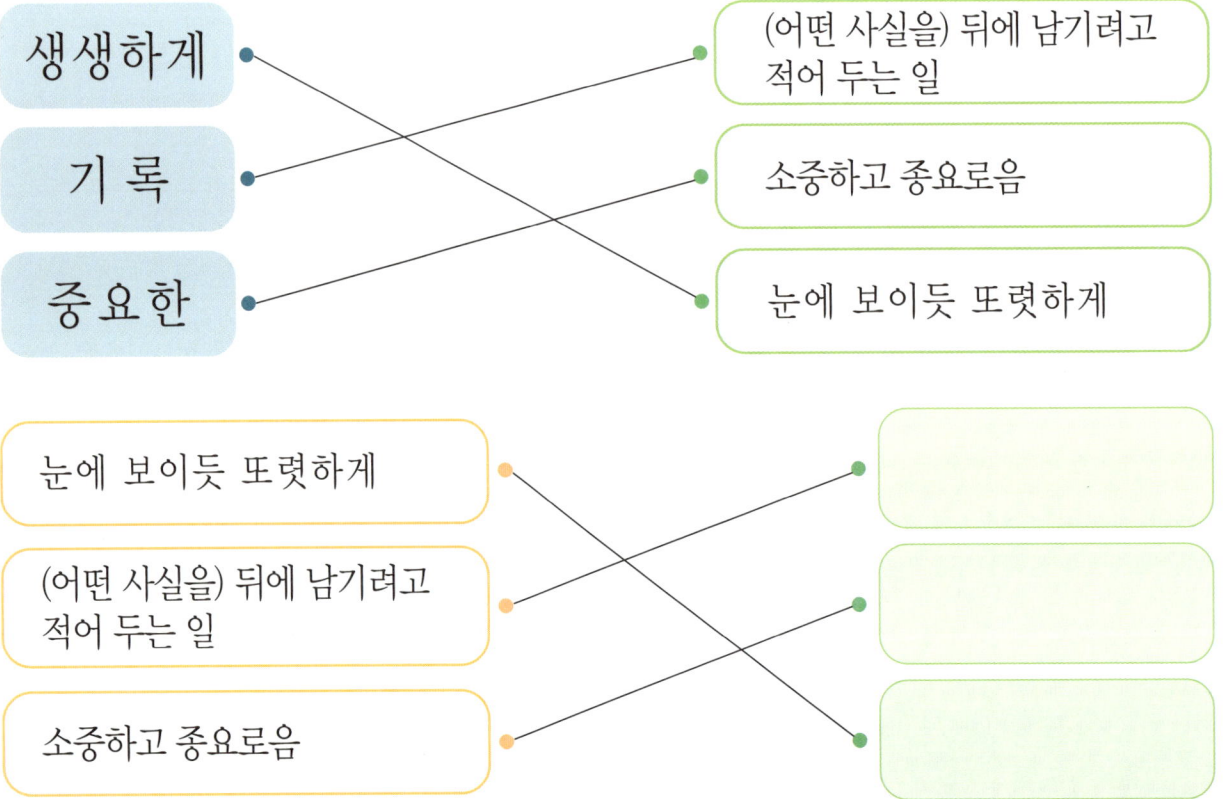

정확하게 소리내어 읽고, 바르게 써 보세요.

적어 놓으셨습니다.
[저 거 노 으 셛 씀 니 다]

어떻게 자랐는지
[어 떠 케 자 란 는 지]

좋은 기록이 될 거야.
[조 은]

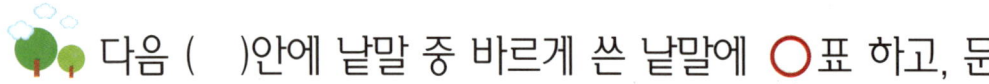 다음 ( )안에 낱말 중 바르게 쓴 낱말에 ○표 하고, 문장을 쓰세요.

어머니께서 쓰신(육아 · 유가) 일기

일기를 (일그면서 · 읽으면서) 어렸을 때의

이름은 미리 지어 (노은 · 놓은) 대로

(젖을 · 저즐) 먹이다가 입 안을

걷기가 (겁이 · 거비) 났나 보다.

밤늦도록 (자믈 · 잠을) 자려 하지 않아서

재미있는 풀 이름

원규네 학교에는 여러 가지 풀이 자라고 있습니다. 어디에서나 흔히 볼 수 있는 풀이지만, 어린이들은 그 이름조차 모릅니다. 그저 풀 또는 잡초라고 부를 뿐입니다.

원규네 학교에서는 풀 이름을 잘 모르는 어린이들을 위하여 여러 가지 풀을 꽃밭에 심기로 하였습니다. 붉은 벽돌로 예쁜 꽃밭을 만들었습니다. 그리고 꽃밭에 풀 이름을 적은 푯말을 꽂았습니다.

원규가 특히 좋아하는 풀에 대하여 알아볼까요?

이 풀의 이름은 애기똥풀입니다. 줄기를 자르면 노란즙이 나옵니다. 이것이 아기의 똥 같아 애기똥풀이라고 부릅니다.

5월에서 8월 사이에 노란 꽃이 핍니다. 꽃이 지고 나면 가느다란 기둥 모양의 열매가 맺힙니다. 이 열매를 짓이겨 벌레 물린 곳에 바르면 잘 낫는다고 합니다.

🌳 선을 따라가 낱말 풀이를 읽어 보세요.

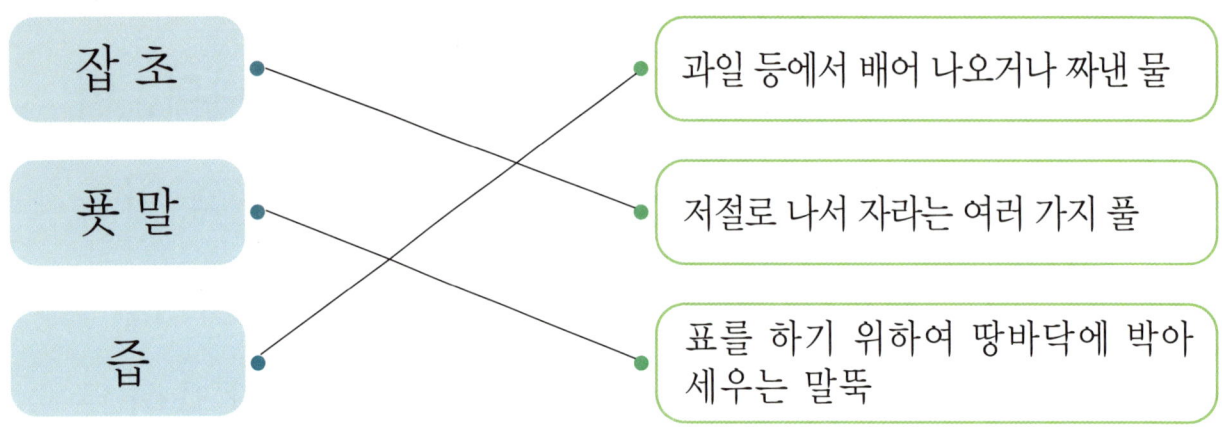

🌳 정확하게 소리내어 읽고, 바르게 써 보세요.

흔히 볼 수 있는 풀이지만
볼 쑤 인 는 푸 리

풀을 꽃밭에 심기로 하였습니다.
푸 를 꼳 바 테 심 끼 로 하 엳 씀 니 다

정확하게 소리내어 읽고, 바르게 써 보세요.

| 붉은 벽돌 |
| 불근 벽똘 |

| 똥 같아 |
| 똥 가타 |

| 이름은 애기똥풀입니다. |
| 이 르 믄 애 기 똥 푸 림 니 다 |

| 꽃이 핍니다. |
| 꼬 치 핌 니 다 |

| 맺힙니다. |
| 매 침 니 다 |

2나-29

정확하게 소리내어 읽고, 바르게 써 보세요.

이삭이 강아지 꼬리를 닮아서
이 사 기 강 아 지 꼬 리 를 달 마 서

작은 꽃이
자 근 꼬 치

좋아하는 먹이
조 아 하 는 머 기

좋은 장난감이 되기도 합니다.
조 은 장 난 까 미 되 기 도 함 니 다

정확하게 소리내어 읽고, 바르게 써 보세요.

아이스 크림을 좋아하는
아 이 스 크 리 믈 조 아 하 는

특별한 음식이어서
특 뼈 란 음 시 기 어 서

많은
마 는

알갱이가 굵어서
알 갱 이 가 굴 거 서

맛있는
마 딛 는

2나-31

정확하게 소리내어 읽고, 바르게 써 보세요.

새와 비슷하게 생긴
새 와 비 슫 타 게 생 긴

오랫동안 날 수 있는
오 랟 똥 안 날 쑤 읻 는

탈것이 있었습니다.
탈 꺼 시 읻 썯 씀 니 다

정확하게 소리내어 읽고, 바르게 써 보세요.

오래 날 수 없을뿐더러
오 래 날 쑤 업 쓸 뿐 더 러

목숨을 잃기도 하였습니다.
목 수 믈 일 키 도 하 엳 씀 니 다

모래밭에 곤두박질쳤습니다.
모 래 받 테 곤 두 박 찔 철 씀 니 다

정확하게 소리내어 읽고, 바르게 써 보세요.

비행기가 만들어졌습니다.
만 드 러 젼 씀 니 다

하늘을 나는 모습을
하 느 를 나 는 모 스 블

여러 가지 책을 찾아
여 러 가 지 채 글 차 자

받아쓰기

* 교재 112쪽 참조하세요.

🌳 선생님께서 불러 주시는 말을 바르게 받아 써 봅시다.

1.
2.
3.
4.
5.
6.
7.
8.
9.
10.

🌳 틀린글자 다시 써 보기

내가 왕이 될 거야

아기사자 힘돌이와 센돌이는 초원에서 태어나 함께 자랐습니다.

어느 날, 사냥을 나온 임금이 힘돌이를 잡아 궁궐로 데려갔습니다. 임금은 힘돌이에게 맛있는 고기를 주고, 목에는 금목걸이까지 걸어 주었습니다. 힘돌이는 어느덧 궁궐의 편안한 생활에 길들여졌습니다.

힘돌이가 궁궐에서 편안히 잘 지내는 동안에 센돌이는 온갖 고생을 하며 살았습니다. 굶주릴 때도 있었고, 적을 만나 싸울 때도 있었습니다.

어느 날, 힘돌이는 궁궐 담을 넘어 자기가 살던 곳으로 가 보았습니다.

마침, 그 곳에서는 동물들이 왕을 뽑고 있었습니다. 어떤 용감한 사자가 왕이 되려고 나왔습니다. 그 사자는 바로 센돌이였습니다.

🌳 선을 따라가 낱말 풀이를 읽어 보세요.

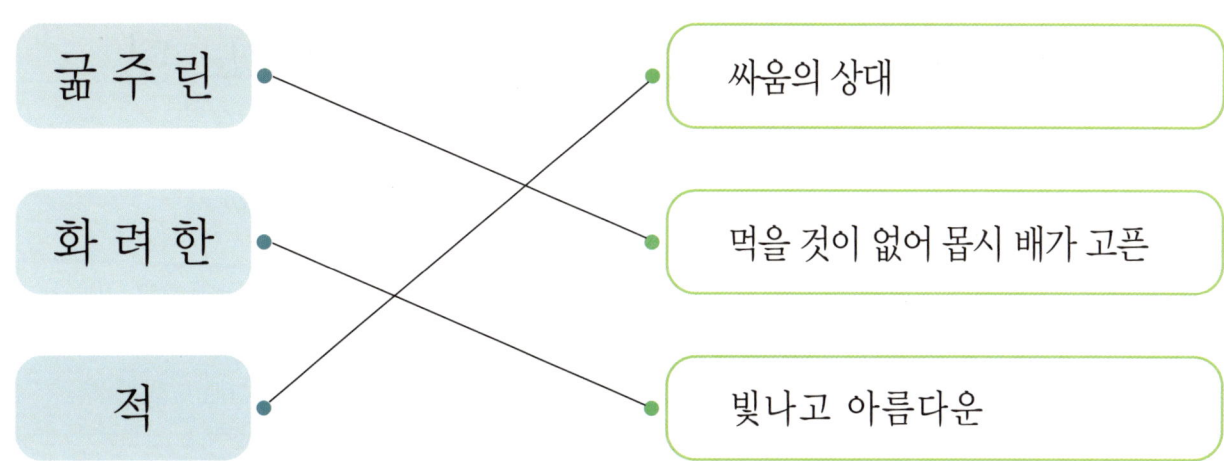

굶주린 — 먹을 것이 없어 몹시 배가 고픈
화려한 — 빛나고 아름다운
적 — 싸움의 상대

🌳 정확하게 소리내어 읽고, 바르게 써 보세요.

편안한 생활에 길들여졌습니다.
[펴 나 난 생 화 레]

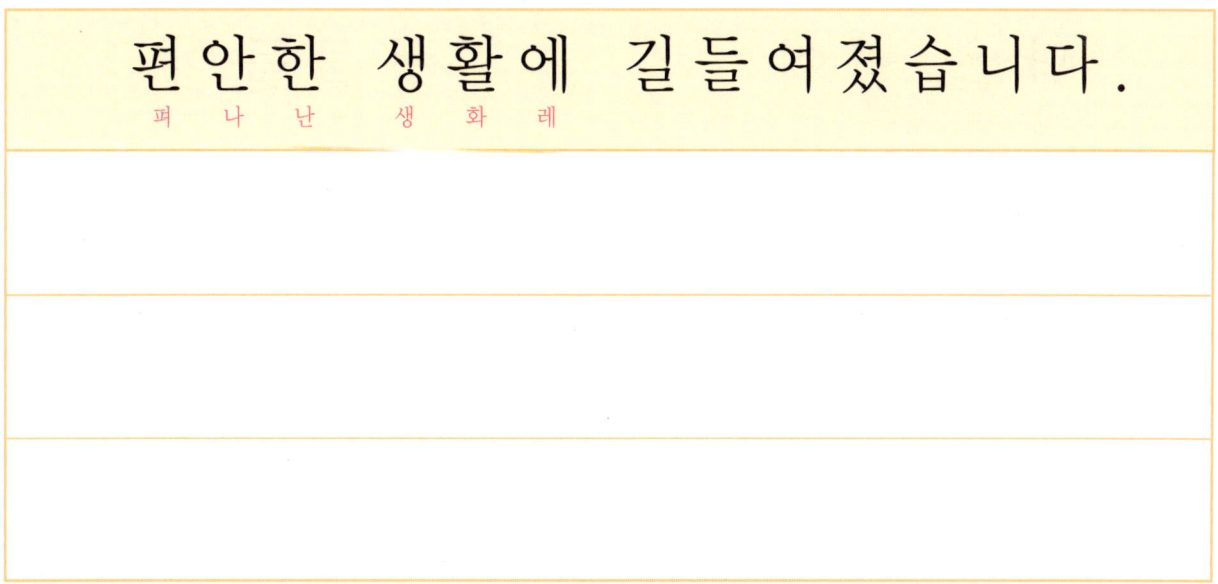

굶주릴 때도 있었고
[굼 주 릴 때 도 일 썯 꼬]

🌳 정확하게 소리내어 읽고, 바르게 써 보세요.

| 맛있는 | 온갖 | 어느덧 |
| 마딛는 | 온 갇 | 어 느 덛 |

| 담을 넘어 | 동물들이 |
| 다 믈 너 머 | 동 물 드 리 |

🌳 뜻풀이를 읽고, 알맞은 낱말을 써 넣으세요.

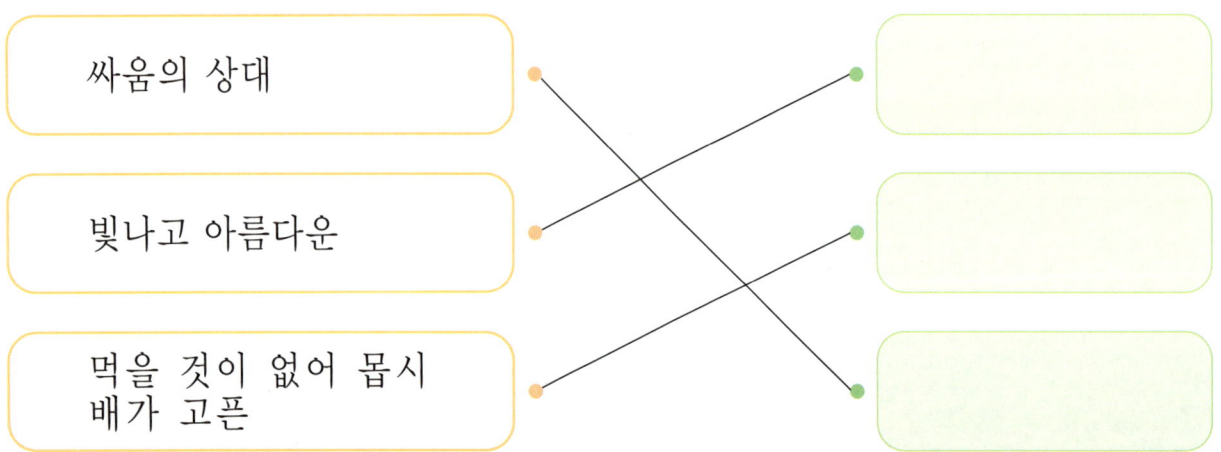

싸움의 상대

빛나고 아름다운

먹을 것이 없어 몹시 배가 고픈

🌳 글자를 이어서 읽을 때의 발음에 주의하며 소리내어 읽어 봅시다.

농부와 세 아들

읽기 38~39쪽

어느 마을에 부지런한 농부가 살았습니다. 그 농부는 세 아들을 두었습니다. 세 아들은 몹시 게을러서
[아드를] [아드른 몹씨]
일하기를 싫어하였습니다. 농부는 게으른 세 아들 때
[시러하엳씀니다]
문에 걱정이 많았습니다.
[걱정이 마낟씀니다]

'내가 죽으면 이 포도밭을 누가 돌보지? 아이들이
[포도바틀]
포도 밭을 돌보지 않아서 잡초만 자라게 될 거야.'
[아나서]

그러던 어느 날, 농부는 병이 났습니다. 농부는 세
[낟씀니다]
아들을 불러 놓고 말하였습니다.
[아드를 불러 노코]

"애들아, 내가 오래 못 살 것 같구나."
[몯 쌀 껃 갇꾸나]

"아버지, 그런 말씀 마세요."

"아니다. 내 병은 내가 잘 안다. 그러니 내가 하는 말을
[마를]
잘 들어 보아라. 내가 죽거든 너희들은 포도밭을 파 보도
[포도바틀]
록 해라. 내가 포도밭에 아주 귀한 보물을 묻어 두었다."
[포도바테] [보무를 무더 두얻따]

얼마 뒤에 농부는 세상을 떠나고 말았습니다. 세
아들은 아버지의 장례를 모셨습니다. 그리고 보물이
[장녜]
묻혀 있다는 포도밭으로 갔습니다.
[무쳐 읻따는 포도바트로 갇씀니다]

선을 따라가 낱말 풀이를 읽어 보세요.

게을러서	—	여기저기 멋대로 나서 자라는 풀
잡초	—	죽은 사람의 시체를 묻거나 화장하는 예절
장례	—	행동이 느리고 움직이기 싫어하는 버릇이 있어서

 정확하게 소리내어 읽고, 바르게 써 보세요.

세 아들은 몹시 게을러서
[아드른 몹씨 게을러서]

일하기를 싫어하였습니다
[시러하엳씀니다]

정확하게 소리내어 읽고, 바르게 써 보세요.

걱정이 많았습니다
걱쩡이 마낟씀니다

이 포도밭을 누가 돌보지
이 포도바틀 누가 돌보지

오래 못 살 것 같구나
오래 몯 쌀 껃 갇꾸나

정확하게 소리내어 읽고, 바르게 써 보세요.

귀한 보물을 묻어 두었다.
[귀한 보무를 무더 두얻따]

보물이 묻혀 있다는 포도밭으로
[보무리 무처 읻따는 포도바트로]

세 아들을 불러 놓고
[세 아드를 불러 노코]

글자를 이어서 읽을 때의 발음에 주의하며 소리내어 읽어 봅시다.

읽기 39~40쪽

"얼른 포도밭을 파 보자."
큰아들이 말하였습니다.
"그래. 어떤 보물이 있을까?"
둘째 아들이 궁금하다는 듯이 말하였습니다.

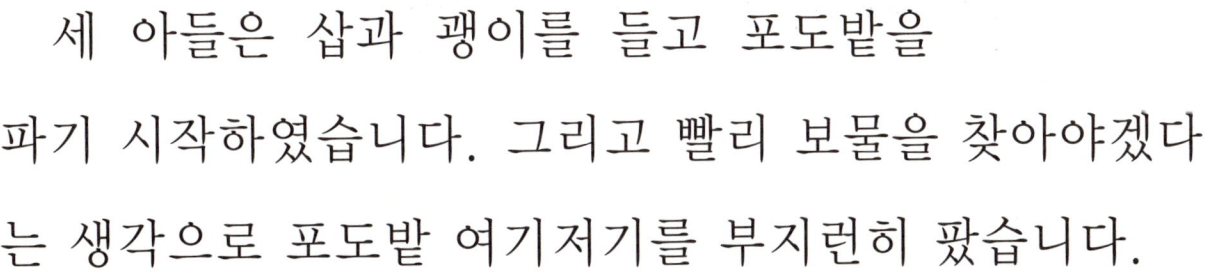

세 아들은 삽과 괭이를 들고 포도밭을 파기 시작하였습니다. 그리고 빨리 보물을 찾아야겠다는 생각으로 포도밭 여기저기를 부지런히 팠습니다.

세 아들은 밭을 파헤치기가 싫어질 때마다 포도밭에 귀한 보물을 묻어 두었다는 아버지의 말씀을 떠올렸습니다. 그리고 보물을 찾으려고 포도밭을 어느 한 곳도 빠뜨리지 않고 열심히 파헤쳤습니다. 그러다 보니 포도밭에 있던 잡초도 없어지고 여기저기에 있던 돌멩이도 보이지 않게 되었습니다.

세 아들은 밭을 계속 파헤쳐 보았지만, 보물은 찾을 수가 없었습니다.

정확하게 소리내어 읽고, 바르게 써 보세요.

어떤 보물이 있을까
[어떤 보무리 읻쓸까]

밭을 파헤치기가 싫어질 때
[바틀 파헤치기가 시러질 때]

귀한 보물을 묻어 두었다는
[귀한 보무를 무더 두얻따는]

정확하게 소리내어 읽고, 바르게 써 보세요.

찾을 수가 없었습니다.
차즐 쑤가 업썰씀니다

한 곳도 빠뜨리지 않고
한 곧또 빠뜨리지 안코

열심히 파헤쳤습니다.
열씨미 파헤철씀니다

🌳 글자를 이어서 읽을 때의 발음에 주의하며 소리내어 읽어 봅시다.

> 읽기 41쪽

"아무리 밭을 파도 보물은커녕 보물 비슷한 것도 안 나오는데?"

"그럼 아버지께서 우리에게 거짓말을 하신 걸까?"

세 아들은 몹시 실망하였습니다. 세 아들은 포도밭에서 보물을 찾지 못하게 되자, 아버지를 원망하기까지 하였습니다.

그러나 그 해 여름, 농부의 포도밭에는 다른 해보다 훨씬 더 탐스러운 포도가 주렁주렁 열렸습니다. 세 아들이 포도밭을 열심히 파헤친 덕분입니다.

세 아들은 탐스럽게 열린 포도송이를 바라보면서 싱글벙글 웃었습니다.

"아버지께서 말씀하신 보물은 바로 이 포도송이였구나. 우리가 열심히 포도밭을 파헤친 덕분에 이렇게 탐스러운 포도송이를 거두게 된거야."

세 아들은 비로소 아버지께서 포도밭에 숨겨 두었다고 하신 보물이 무엇인지 깨닫게 되었습니다.

정확하게 소리내어 읽고, 바르게 써 보세요.

| 거짓말 |
| 거 진 말 |

| 열렸습니다. |
| 열 련 씀 니 다 |

| 비슷한 것도 안 나오는데? |
| 비 스 탄 걷 또 |

| 보물이 무엇인지 깨닫게 되었습니다. |
| 보 무 리 무 어 신 지 깨 달 께 되 얻 씀 니 다 |

내가 한 명 더 있었으면

읽기 44~45쪽

꽃담이는 텔레비젼을 보고 있었습니다. 그 때, 아버지께서 꽃담이를 부르셨습니다.

"꽃담아, 신문 좀 갖다 주겠니?"

꽃담이는 텔레비젼을 더 보고 싶었습니다.

'아이, 귀찮아. 내가 한 명 더 있었으면 얼마나 좋을까?'

꽃담이는 눈을 감고 상상하여 보았습니다. 그러자 정말 꽃담이가 한 명 더 생겼습니다. 꽃담이는 새로 생긴 꽃담이에게 말하였습니다.

"네가 아버지께 신문을 갖다 드리고 와. 나는 텔레비젼을 더 볼 테야."

"응, 알았어."

새로 생긴 꽃담이가 아버지께 신문을 갖다 드렸습니다.

그 때, 어머니께서 꽃담이를 부르셨습니다.

"꽃담아, 심부름 좀 다녀오렴."

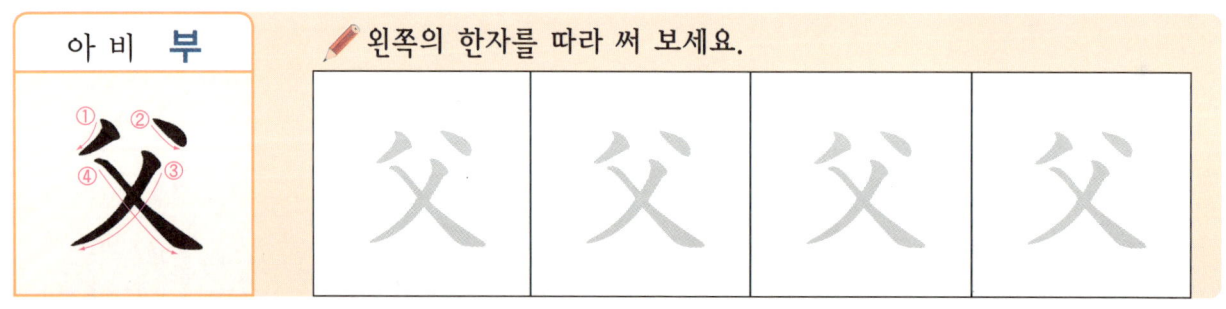

정확하게 소리내어 읽고, 바르게 써 보세요.

텔레비전을 보고 있었습니다.
텔 레 비 저 늘   보 고   읻 썯 씀 니 다

아이, 귀찮아
아 이   귀 차 나

얼마나 좋을까
얼 마 나 조 을 까

신문 좀 갖다 주겠니?
신 문 좀   갇 따   주 겐 니

정확하게 소리내어 읽고, 바르게 써 보세요.

| 싫었습니다.
시 펀 씀 니 다 | 손을 씻어야
소 늘 씨 써 야 |

| 이를 닦아야
이 를 다 까 야 | 텔레비전을 열심히
텔 레 비 저 늘 열 씨 미 |

더 있었으면 좋겠어.
더 이 썰 쓰 면 조 케 써

조약돌

어제 학교에서 집으로 돌아오는 길이었다. 승환이가 '뚱보 돼지' 하면서 나를 놀렸다.

집에서 형이 뚱뚱하다고 놀릴 때에도 약이 올랐는데……. 화가 나서 나도 모르게 주먹으로 승환이를 한 대 때렸다.

"어?"

"한 번 더 놀려 봐!"

"뚱보 돼지."

나는 한 대 더 때렸다. 승환이가 쓰러졌다. 승환이 주머니에서 조약돌들이 튀어나와 사방으로 흩어졌다. 승환이가 큰 소리로 울기 시작하였다.

🌳 선을 따라가 낱말 풀이를 읽어 보세요.

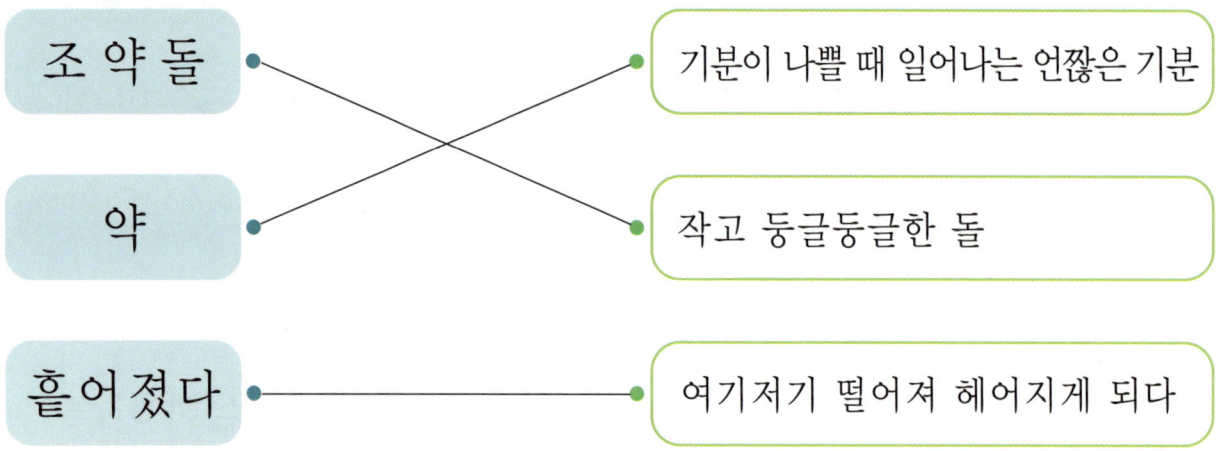

🌳 정확하게 소리내어 읽고, 바르게 써 보세요.

집으로 돌아오는 길이었다.
[지브로 도라오는 기리얻따]

사방으로 흩어졌다.
[흐터젇따]

글자를 이어서 읽을 때의 발음에 주의하며 소리내어 읽어 봅시다.

읽기 42쪽

나는 덜컥 겁이 났다.
　　　　　거비 낟따
'누가 오면 어떡하지?'
　　　　　　어떠카지
주위를 둘러보았다. 골목에는 아무도 없었다. 나는 도망치듯 달려서 집으로 왔다. 책상 앞에 앉아서도 걱정이 되었다.
　　　　　지브로　　　　　아페 안자서도

'괜히 때렸어, 말로 할 걸. 어디 다치지는 않았을까?'
　　　　　　　　　　　　　　　　　아나쓸까
울고 있는 승환이의 모습과 함께 땅 위에 흩어진 조약돌들이 머릿속에 자꾸 떠올랐다. 그리고 참지 못하고 승환이를 때린 것이 후회되었다.
　　　머리쏘게　　떠올랃따　　참찌 모
　　타 고　　　　거시 후회되얻따
'미안하다고 전화를 할까?'
어머니께 말씀드렸더니 먼저 사과하라고 하셨다.
'아니야, 내가 먼저 사과하기는 싫어. 그러면 다음에도 또 놀릴지 몰라.'
　　　　　　　　　　　　시러
공부 시간에 어머니 말씀이 떠올랐다.
'먼저 사과하는 사람이 이기는 거란다.'
'그래, 조금 전에는 승환이가 나를 이긴 거야. 이번에는 내가 이겨야지.'

정확하게 소리내어 읽고, 바르게 써 보세요.

나는 덜컥 겁이 났다.
　　　　거 비 난 따

누가 오면 어떡하지?
　　　　　어 떠 카 지

책상 앞에 앉아서도
　　아 페 안 자 서 도

정확하게 소리내어 읽고, 바르게 써 보세요.

어디 다치지는 않았을까?
　　　　　　아 나 쓸 까

머릿속에 자꾸 떠올랐다.
머 리 쏘 게　　　떠 올 랃 따

때린 것이 후회되었다.
　　거 시 후 회 되 얻 따

나는 용기를 내어 쉬는 시간에 승환이에게로 갔다. 그리고 머리를 긁적이며 말하였다.
_{극쩌기며 말하엳따}

"아까 그 돌 줘."

승환이가 뜻밖이라는 듯이 나를 바라보았다.
_{뜯빠끼라는 드시}

"미안해……. 어제는 많이 아팠지?"
_{마니 아팓찌}

"으응, 조금."

"내가 잘못했어! 다시는 안 때릴게."

"아니야! 내가 먼저 놀렸잖아."
_{놀렫짜나}

"이 돌, 잘 간직할게. 이 돌을 보면서 친구와 싸우지 않겠다고 다짐할 거야!"

승환이가 건네 주는 조약돌에서 따사로운 마음이 전해져 왔다.

정확하게 소리내어 읽고, 바르게 써 보세요.

머리를 긁적이며 말하였다.
극 쩌 기 며 말 하 엳 따

승환이가 뜻밖이라는 듯이
뜯 빠 기 라 는 드 시

어제는 많이 아팠지?
마 니 아 팓 찌

2나-57

정확하게 소리내어 읽고, 바르게 써 보세요.

읽기 52~53쪽

호랑이는 들은 체도 하지 않고
　　　　　드 른　　　　　　　　　안 코

뱃속에서
밷 쏘 게 서

어떻게
어 떠 케

두 사람은 등잔불을 켜고
　　사 라 믄 등 잔 뿌 를 켜 고

정확하게 소리내어 읽고, 바르게 써 보세요. 읽기 56~57쪽

깊은 산 속에서
기 픈 산 소 게 서

저 쪽으로
저 쪼 그 로

아니, 웬 사슴이 저렇게
아 니 웬 사 스 미 저 러 케

잡으려고 사냥꾼이 쫓아와요.
자 브 려 고 사 냥 꾸 니 쪼 차 와 요

정확하게 소리내어 읽고, 바르게 써 보세요.

읽기 57~58쪽

나뭇더미 속에 들어가
나 무 떠 미   소 게   드 러 가

사냥꾼은 멀리 갔으니
사 냥 꾸 는   갇 쓰 니

은혜를 갚고 싶어요.
        갑 꼬 시 퍼 요

정확하게 소리내어 읽고, 바르게 써 보세요.

읽기 64~65쪽

팔걸이
팔 거 리

해돋이
해 도 지

색연필
생 년 필

단풍잎이 붉게
단 풍 니 피 불 께

한 잎 두 잎
한 닢 두 입

책을 읽는 것이
채 글 잉 는 거 시

읽고 익히자.
일 꼬 이 키 자

정확하게 소리내어 읽고, 바르게 써 보세요.

읽기 66~67쪽

| 별나라 |
| 별 라 라 |

| 옛날 |
| 옌 날 |

| 젊은이 |
| 절 므 니 |

| 볼 수도 없는데 |
| 볼 쑤 도 업 는 데 |

| 끄덕였습니다. |
| 끄 더 결 씀 니 다 |

| 아주 좋아할 거예요. |
| 아 주 조 아 할 꺼 예 요 |

2나-62

받아쓰기

*교재 112쪽 참조하세요.

🌳 선생님께서 불러 주시는 말을 바르게 받아 써 봅시다.

1
2
3
4
5
6
7
8
9
10

🌳 **틀린 글자 다시 써 보기**

나이 자랑

옛날, 어느 산 속에 노루, 토끼, 두꺼비가 살고 있었습니다.

하루는 맛있는 음식이 생겨서 잔치를 벌였습니다. 세 친구는 서로 먼저 먹으려고 다투었습니다. 노루가 가로막고 말하였습니다.

"몸집이 크니까 내가 어른이다."

그러자 토끼가 말하였습니다.

"무슨 소리? 수염이 기니까 내가 어른이지."

두꺼비도 말하였습니다.

"어허, 주름살이 많으니까 내가 어른이야."

갑자기 노루가 먼저 음식을 먹으려고 하였습니다.

"안 되지, 안 돼."

토끼와 두꺼비가 나서서 노루를 막았습니다.

"그러면 우리 싸우지 말고 누구 나이가 제일 많은지 따져 보자."

노루가 말하였습니다.

"좋아. 나이가 많은 차례대로 먹자."

토끼가 거들었습니다.

"그래, 좋아."

두꺼비도 말하였습니다.

"나는 하늘과 땅이 처음 생길 때에 태어났어. 너희들, 하늘에 반짝이는 별 알지? 바로 내가 박은 거야."

노루가 으스대며 말하였습니다.

그러자 토끼가 수염을 쓰다듬으면서 말하였습니다.

"그래, 네가 별을 박는 것은 나도 보았어. 너는 긴 사다리를 놓고 별을 박고 있었지. 그런데 그 사다리는 내가 심은 나무로 만든 거야. 그러니까 내가 더 어른이지."

🌳 선을 따라가 낱말 풀이를 읽어 보세요.

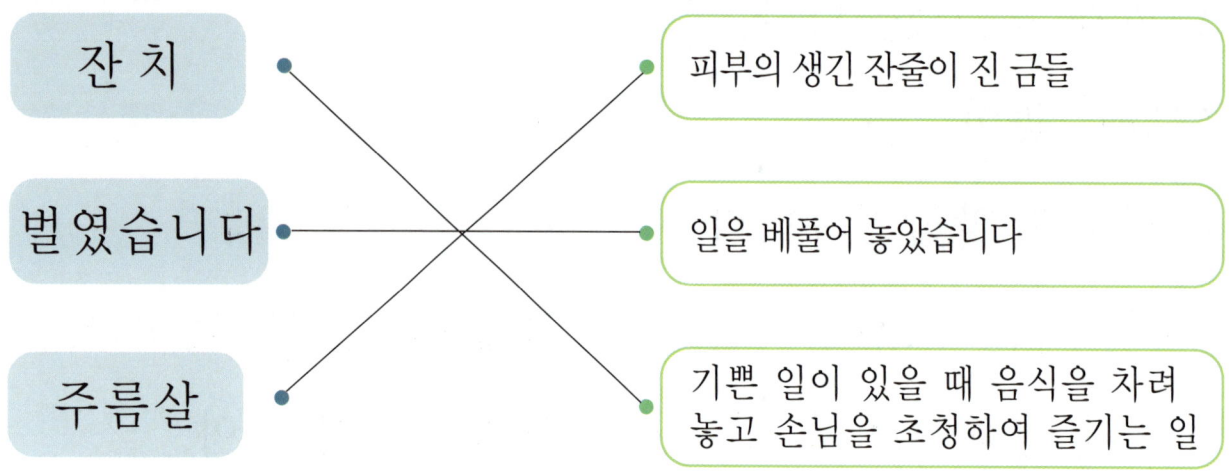

🌳 정확하게 소리내어 읽고, 바르게 써 보세요.

옛날 어느 산 속에
[옌 날 어 느 산 쏘 게]

하루는 맛있는 음식이 생겨서
[마 딘 는 음 시 기 생 겨 서]

정확하게 소리내어 읽고, 바르게 써 보세요.

먼저 먹으려고 다투었습니다.
머그려고 다투얻씀니다

어허, 주름살이 많으니까
주름싸리 마느니까

좋아, 나이가 많은 차례대로
조아 마는 차례대로

정확하게 소리내어 읽고, 바르게 써 보세요.

하늘에 반짝이는 별 알지?
하 느 레 반 짜 기 는

수염을 쓰다듬으면서
수 여 믈 쓰 다 드 므 면 서

사다리를 놓고 별을 박고 있었지.
노 코 벼 를 박 꼬 일 썯 찌

갑자기 두꺼비가 엉엉 울기 시작하였습니다.

"두껍아, 왜 우니? 울지 말고 네 나이를 빨리 말해 봐."

노루가 말하였습니다.

"손자 생각이 나서 그래."

"손자는 왜?"

토끼가 물었습니다.

"토끼야, 네가 나무를 심을 때에 내 손자도 옆에서 나무를 심었잖아? 내 손자는 그 나무로 망치를 만들어 별을 박으려다 그만 떨어져서 죽었지. 너희 이야기를 들으니 갑자기 손자 생각이 나지 않겠니?"

이야기를 듣고 보니, 두꺼비의 나이가 제일 많은 것 같았습니다.

"그럼 내가 먼저 먹을게. 너희는 내가 먹은 다음에 천천히 먹어라. 에헴!"

두꺼비는 큰기침을 하고 점잖게 음식을 먹기 시작하였습니다. 노루와 토끼는 서로 얼굴만 바라보고 있었습니다.

정확하게 소리내어 읽고, 바르게 써 보세요.

옆에서 나무를 심었잖아?
여 페 서 나 무 를 시 머 짜 나

망치를 만들어 별을 박으려다
벼 를 바 그 려 다

그만 떨어져서 죽었지.
떠 러 저 서 주 걷 찌

정확하게 소리내어 읽고, 바르게 써 보세요.

갑자기 손자 생각이 나지 않겠니?
갑 짜 기 손 자 생 가 기

제일 많은 것 같았습니다.
마 는 걷 가 탇 씀 니 다

천천히 먹어라.
천 처 니 머 거 라

점잖게
점 잔 케

글쓴이의 의견을 생각하며 글을 읽어 봅시다.

엄마의 부탁

읽기 72~73쪽

수연아, 오늘 아침에 엄마는 네가 참 대견스러웠단다. 감기에 걸려 힘들어하면서도 가방을 메고 집을 나서는 모습을 보며 이제는 네가 다 컸다는 생각을 하였단다.

수연아, 2학년이 된 뒤로 부쩍 어른스러워진 네 모습에 엄마는 놀랄 때가 많았단다. 그래서 이제는 잔소리를 할 때는 지났다고 생각했지. 하지만, 오늘은 네게 잔소리를 좀 해야겠다.

요즈음처럼 낮과 밤의 기온차가 심할 때에는 감기에 걸리기 쉽단다. 그런데 너는 뛰어다니기에 불편하다고 옷을 얇게 입고, 집에 돌아와서는 손발을 잘 씻지도 않았지. 그저께 저녁에는 양치질도 하지 않고 잠자리에 들었잖아?

수연아, 건강하게 지내려면 좋은 생활 습관을 가져야 한단다. 날씨에 맞게 옷을 입고, 몸을 깨끗하게 씻

는게 참 중요해. 엄마의 가장 큰 바람은 네가 건강하
　는 게
게 자라는 것이란다.
　　　　　거 시 란 다
　수연아, 엄마의 말을 잔소리로만 듣지 말고 부탁하
　　　　　　　　　　　　　　듣 찌
는 말로 들어 주렴.

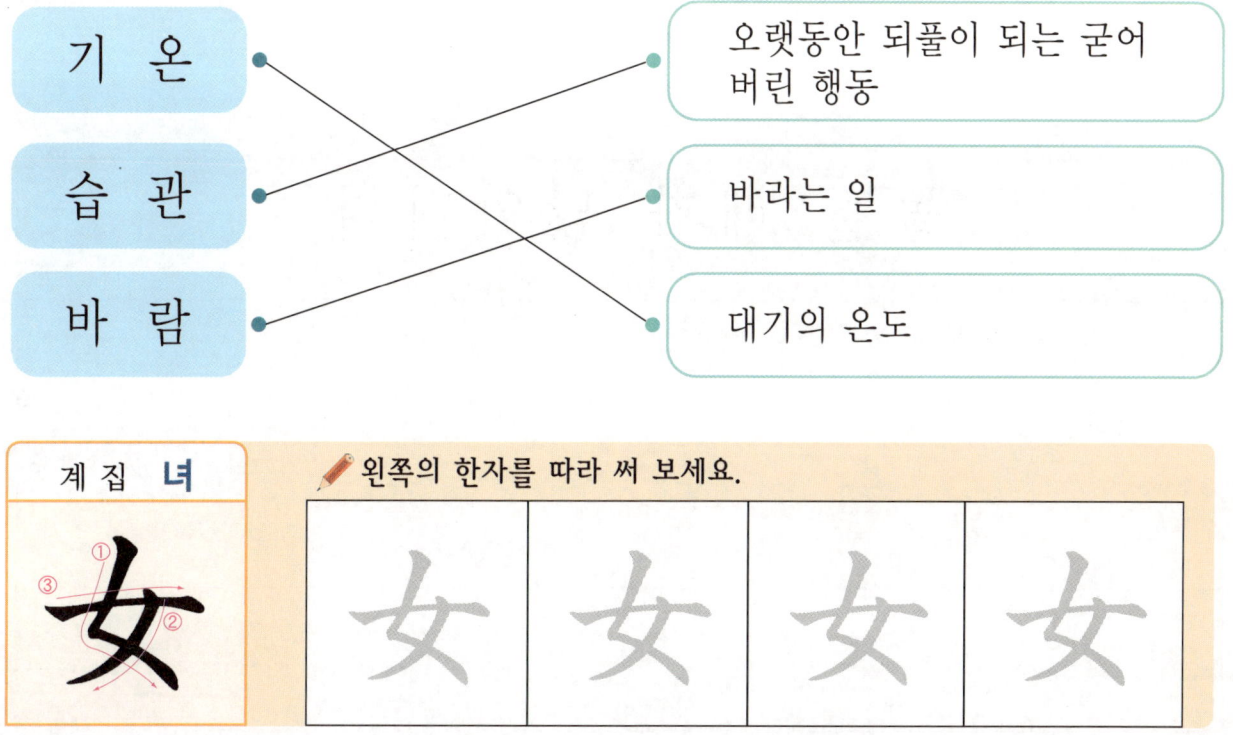

🌳 선을 따라가 낱말 풀이를 읽어 보세요.

기 온	—	오랫동안 되풀이 되는 굳어 버린 행동
습 관	—	바라는 일
바 람	—	대기의 온도

계집 **녀**

女

✏️ 왼쪽의 한자를 따라 써 보세요.

| 女 | 女 | 女 | 女 |

🌳 뜻풀이를 읽고 알맞게 낱말을 써 넣으세요.

대기의 온도	
바라는 일	
오랫동안 되풀이되는 굳어 버린 행동	

🌳 정확하게 소리내어 읽고, 바르게 써 보세요.

가방을 메고	모습을
	[모스블]

놀랄 때가 많았단다.
[마날딴다]

정확하게 소리내어 읽고, 바르게 써 보세요.

요즈음처럼 낮과 밤의 기온차
낟꽈 바메 기온차

옷을 얇게 입고
오슬 얄께 입꼬

씻지도 않았지.
씯찌도 아낟찌

저녁에는 양치질도 하지 않고

정확하게 소리내어 읽고, 바르게 써 보세요.

날씨에 맞게 옷을 입고
[날 씨 에   맏 께   오 슬   입 꼬]

몸을 깨끗하게 씻는게
[모 믈   깨 끄 타 게   씬 는 게]

건강하게 자라는 것이란다.
[건 강 하 게   자 라 는   거 시 란 다]

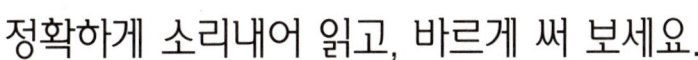 정확하게 소리내어 읽고, 바르게 써 보세요. 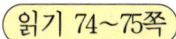 읽기 74~75쪽

회의가 열렸습니다.
열렬씀니다

길을 넓히는 일 때문이었습니다.
기를 널피는

나무를 많이 베어야겠지.
나무를 마니 베어야겐찌

정확하게 소리내어 읽고, 바르게 써 보세요.

물건을 실어 나르는 데
_{물 거 늘   시 러}

어려움이 많아요.
_{어 려 우 미   마 나 요}

넓혀야
_{널 펴 야}

좁아서 시간이 많이 걸렸어요.
_{조 바 서   시 가 니   마 니   걸 렫 써 요}

정확하게 소리내어 읽고, 바르게 써 보세요.

좁아서	길을 넓혀야 해요.
조 바 서	기 를 널 펴 야 해 요

줄었으면	몸무게가 늘었으면
주 러 쓰 면	몸 무 게 가 느 러 쓰 면

들어봐	잃어버렸는데
드 러 봐	이 러 버 렫 는 데

2나-79

 다음 ( )안에 낱말 중 바르게 쓴 낱말에 ○표 하고, 문장을 쓰세요.

길을 (널피는 · 넓히는) 일 때문이었습니다.

➡

길가의 나무를 (많이 · 마니) 베어야겠지.

➡

길이 (조바서 · 좁아서) 참 불편해요.

➡

어른들은 (노리터 · 놀이터)에 나와서

➡

쓰레기를 아무 (곳에나 · 고세나) 버리게

➡

몸무게가 (주러쓰면 · 줄었으면) 하고

➡

받아쓰기

*교재 112쪽 참조하세요.

선생님께서 불러 주시는 말을 바르게 받아 써 봅시다.

1.
2.
3.
4.
5.
6.
7.
8.
9.
10.

틀린 글자 다시 써 보기

🌳🌳 승원이가 도서관에서 무엇을 하였는지 생각하며 글을 읽어 봅시다.

읽기 91쪽

　일요일 오후에 승원이는 어머니와 함께 도서관에
　　이 료 일
갔습니다. 도서관에는 사람들이 많았습니다. 가족과
함께 온 사람들도 많이 있었습니다.

승원이는 어머니와 함께 열람실에 들어갔습니다. 열람실에는 책꽂이에서 책을 고르는 사람도 있었고, 앉아서 책을 읽는 사람도 있었습니다. 컴퓨터를 이용하여 자료를 찾는 사람도 있었습니다. 도서관에 처음 온 승원이는 도서관을 이용하는 사람이 많은 것을 보고 놀랐습니다. 사람들이 많았지만, 말소리는 거의 들리지 않았습니다.

승원이는 무슨 책을 읽을까 생각하다가 '사자와 생쥐'를 찾았습니다. 그리고 어머니 옆자리에 앉아 책을 읽었습니다. 조용한 곳에서 책을 읽으니까 더 잘 읽을 수 있었습니다.

두 시간쯤 지났습니다. 승원이와 어머니는 읽던 책을 제자리에 다시 꽂아 놓았습니다. 그리고 더 읽고 싶은 책을 한 권씩 빌렸습니다.

"승원아, 도서관에 처음 온 기분이 어떠니?"

"참 좋아요. 앞으로도 자주 오고 싶어요."

도서관을 나서는 승원이는 마음이 뿌듯하였습니다.

정확하게 소리내어 읽고, 바르게 써 보세요.

열람실에 들어갔습니다.
열 람 시 레 드 러 간 씀 니 다

책꽂이에서 책을 고르는 사람
책 꼬 지 에 서 채 글

앉아서 책을 읽는 사람
안 자 서 채 글 익 는

정확하게 소리내어 읽고, 바르게 써 보세요.

앉아 책을 읽었습니다.
안 자 채 글 일 걷 씀 니 다

제자리에 다시 꽂아 놓았습니다.
꼬 자 노 앋 씀 니 다

더 읽고 싶은 책을 한 권씩
더 일 꼬 시 픈 채 글

독장수 구구

옛날, 어느 마을에 독장수가 살고 있었습니다. 옛날에는 간장이나 된장을 담그거나 곡식을 보관할 때, 또는 술을 담글 때에 독을 썼습니다. 독을 많이 팔면 큰 부자가 될 수도 있었지만, 워낙 크고 무거워서 많이 지고 다니지 못하였습니다.

하루는 독장수가 큰 독 세 개를 지게에 지고 집을 나섰습니다. 그러나 하루 종일 돌아다녀도 독은 팔리지 않고 어깨만 빠질 것처럼 아팠습니다. 땀이 등줄기를 타고 흘러내렸습니다.

"아이고, 어깨야. 오늘은 어째 독이 하나도 안 팔릴까?"

독장수는 고갯길을 힘겹게 올라갔습니다. 몸을 잘 못 가누면 독이 굴러 떨어져 산산조각이 날 수도 있었습니다. 독장수는 조심조심 걸어 올라갔습니다. 독장수는 너무 힘이 들어 그만 주저앉고 싶었습니다.

"아이고, 저 나무 밑에서 좀 쉬어 가야겠다."

고개를 다 오른 독장수는 나무 그늘 밑에 지게를

내려놓고, 지겟작대기로 받쳐 놓았습니다. 날아갈 듯이 몸이 홀가분하였습니다.

독장수는 이마와 얼굴의 땀을 닦고 지게 옆에 벌렁 드러누웠습니다.

"야, 정말 시원하구나! 저 독 둘은 팔아서 빚을 갚는데 쓰고, 나머지 독을 팔면 다른 독 두개는 살 수 있겠지? 그 독을 팔면 다시 독 네 개를 살 수 있고, 넷을 팔면, 가만있지 …….

이 이는 사, 이 사 팔, 그래, 여덟 개를 살 수 있구나. 그 다음에 여덟 개를 팔면……."

독장수는 신이 나서 머릿속으로 계속 셈을 하였습니다.

정확하게 소리내어 읽고, 바르게 써 보세요.

술을 담글 때에 독을 썼습니다.
수를 담글 때에 도글 썯씀니다

집을 나섰습니다.
지블 나섣씀니다

고갯길
고개낄

그만 주저앉고 싶었습니다.
그만 주저안꼬 시펃씀니다

🌳 **정확하게 소리내어 읽고, 바르게 써 보세요.**

나무 밑에서
[나 무 미 테 서]

지게 옆에
[지 게 여 페]

지갯작대기로 받쳐 놓았습니다.
[지 게 짝 대 기 로   바 처   노 앋 씀 니 다]

이마와 얼굴의 땀을 닦고
[이 마 와   얼 구 레   따 믈   닥 꼬]

2나-89

정확하게 소리내어 읽고, 바르게 써 보세요.

독 둘은 팔아서 빚을 갚는데 쓰고
독 두른 파라서 비즐 감는데 쓰고

머릿속으로 셈을 하였습니다.
머리쏘그로 세믈 하엳씀니다

고갯길을 힘겹게 올라갔습니다.
고개낄

"야, 며칠 안 가서 독이 백 개가 넘겠는걸. 그럼 독을 판 돈으로 고래등 같은 기와집을 짓는 거야. 나는 부자다, 부자! 참, 부자들은 하인이 있지, 나도 하인을 두는 거야. 이리 오너라, 히히."

독장수는 너무나 기쁜 나머지 팔을 번쩍 들었습니다. 그러다가 팔로 지겟작대기를 밀어 버리고 말았습니다. 지게는 기우뚱하더니 옆으로 팍 쓰러졌습니다. 지게 위에 있던 독들도 와장창 깨지고 말았습니다.

"아이고, 망했다! 이걸 어쩐다?"

독장수는 깨어진 독 조각들을 얼른 주워 들었습니다. 그러나 독은 이미 깨어져서 쓸 수 없게 되었습니다.

이렇게 쓸데없이 미리 셈하거나 궁리하여 보는 것을 '독장수 구구'라고 합니다.

일백 **백**
百

✏️ 왼쪽의 한자를 따라 써 보세요.

| 百 | 百 | 百 | 百 |

정확하게 소리내어 읽고, 바르게 써 보세요.

고래등 같은 기와집을 짓는 거야.
가 튼 기 와 지 블 진 는 거 야

팔을 번쩍 들었습니다.
파 를 번 쩍 드 럳 씀 니 다

지겟작대기를 밀어 버리고
지 게 짝 때 기 를 미 러 버 리 고

다음 (   )안에 낱말 중 바르게 쓴 낱말에 ○표 하고, 문장을 쓰세요.

된장을 담그거나 (곡씨글 · **곡식을**) 보관할 때

➡ _____

술을 담글 때에 (**독을** · 도글) 썼습니다.

➡ _____

나무 (미테서 · **밑에서**) 좀 쉬어 가야겠다.

➡ _____

팔아서 (비즐 · **빚을**) 갚는 데 쓰고

➡ _____

고래등 같은 (**기와집을** · 기와지블) 짓는 거야.

➡ _____

(이러케 · **이렇게**) 쓸데없이 미리 셈하거나

➡ _____

정확하게 소리내어 읽고, 바르게 써 보세요.   읽기 102쪽

고드름이 되고 싶었습니다.
고 드 르 미   되 고   시 펀 씀 니 다

사뿐히 내려앉았습니다.
사 뿌 니   내 려 안 잔 씀 니 다

쌓였습니다.
싸 엳 씀 니 다

처마 끝으로
끄 트 로

정확하게 소리내어 읽고, 바르게 써 보세요.　　읽기 103쪽

붙잡았습니다.
부 짜 받 씀 니 다

호롱불이
호 롱 뿌 리

화롯불에 구워 먹고
화 로 뿌 레 구 워 머 꼬

함박눈
함 방 눈

알아맞히기
아 라 맏 치 기

옆에 계시던
여 페

2나-95

정확하게 소리내어 읽고, 바르게 써 보세요. 읽기 108쪽

좋은 방법이 없을까?
조은 방버비 업쓸까

살을 빼서 홀쭉하게 한 다음
사를 빼서 홀쭈카게

정신 없이 포도를 따 먹었습니다.
정신 업씨   머걸씀니다

정확하게 소리내어 읽고, 바르게 써 보세요.

읽기 109쪽

사흘을 굶기로 하였습니다.
사 흐 를 굼 끼 로 하 엳 씀 니 다

여우는 생각한 끝에
생 가 칸 끄 테

포도가 먹고 싶었습니다.
머 꼬 시 펃 씀 니 다

글자를 이어서 읽을 때의 발음에 주의하며 소리내어 읽어 봅시다.

고마우신 선생님

읽기 116쪽

예쁜 글씨 수놓은
(수노은)
일기장에는
선생님 목소리가
(목쏘리가)
들어 있고요,
(드러 읻꼬요)

똘똘하게 셈 잘 하는
(자라는)
머릿속에는
(머리쏘게는)
선생님 땀방울이
(땀빵우리)
들어 있어요.
(드러 읻써요)

하지만 선생님의
땀방울에는
우리들의 심술이
(우리드레 심수리)
들어 있고요,
(드러 읻꼬요)

선생님의
쉰 목소리에는
(목쏘리에는)
우리들의 장난이
(장나니)
들어 있어요.
(드러 읻써요)

그래도 웃음짓는 선생님,
(우슴진는)
고마우신 우리 선생님.

정확하게 소리내어 읽고, 바르게 써 보세요.

예쁜 글씨 수놓은 일기장
수 노 은

목소리가 들어 있고요.
목 쏘 리 가 드 러 인 꼬 요

머릿속에는
머 리 쏘 게 는

땀방울이
땀 빵 우 리

메기야, 고마워

작은 연못에 물고기들이 살고 있었습니다. 연못 속의 물고기들은 모두 사이좋게 지냈습니다.

그러던 어느 날이었습니다.

'우르릉 쾅!'

조용하던 연못에 천둥 소리가 요란하게 울려 퍼졌습니다. 그러더니 굵은 빗방울이 쏟아졌습니다. 비는 며칠 동안이나 그치지 않고 계속 내렸습니다.

그렇게 며칠이 지났습니다. 드디어 비가 그치고 나뭇가지 사이로 밝은 햇살이 비쳐 들었습니다. 나뭇가지에 매달린 물방울도 햇살을 받아 반짝반짝 빛나고 있었습니다.

"어휴, 혼났네! 무슨 비가 그렇게 많이 온담?"

잉어가 환하게 웃으며 말하였습니다.

"잉어야, 안녕? 너도 무사했구나."

붕어가 입을 벙긋거리며 인사하였습니다.

"응, 정말 다행이야. 그런데 저 친구는 누구지?"

잉어가 가리키는 곳을 보니 낯선 물고기가 헤엄쳐
오고 있었습니다. 그 물고기는 험상궂게 생긴데다가
입은 옆으로 길게 찢어져 있었습니다. 그리고 입 양쪽
에는 긴 수염도 나 있었습니다.

🌳 선을 따라가 낱말 풀이를 읽어 보세요.

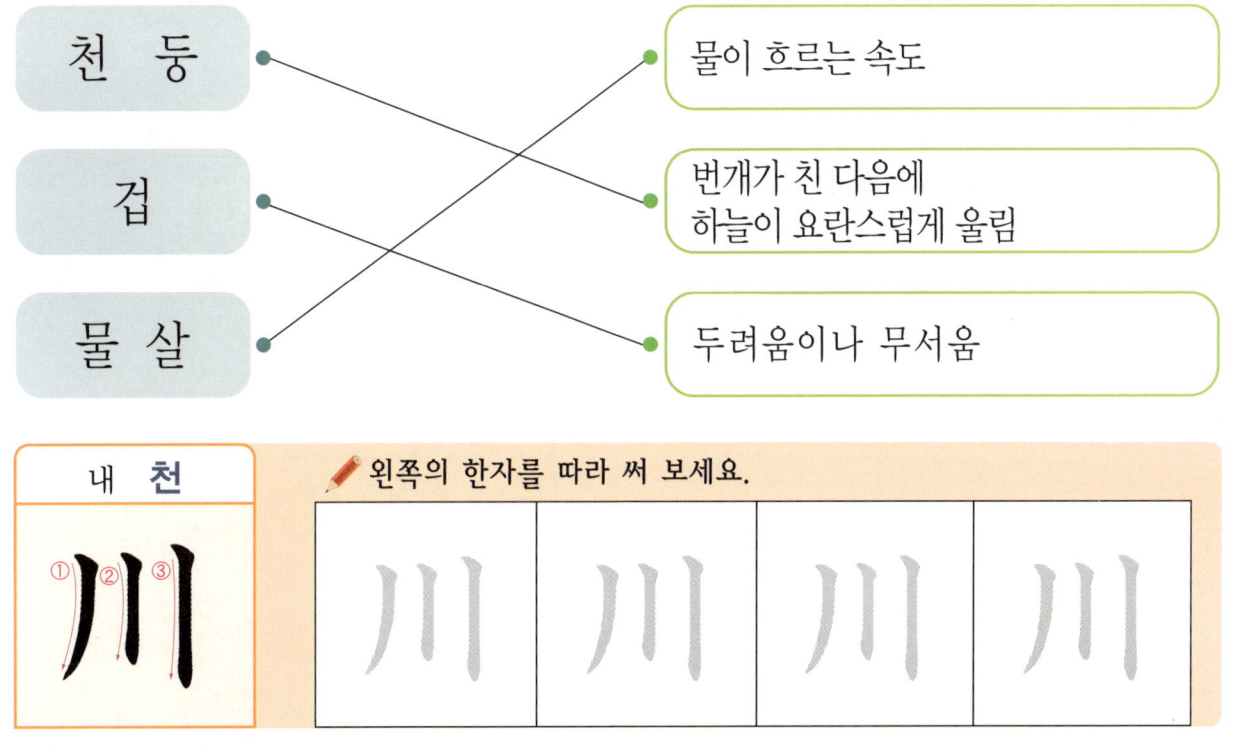

🌳 뜻풀이를 읽고 알맞게 낱말을 써 넣으세요.

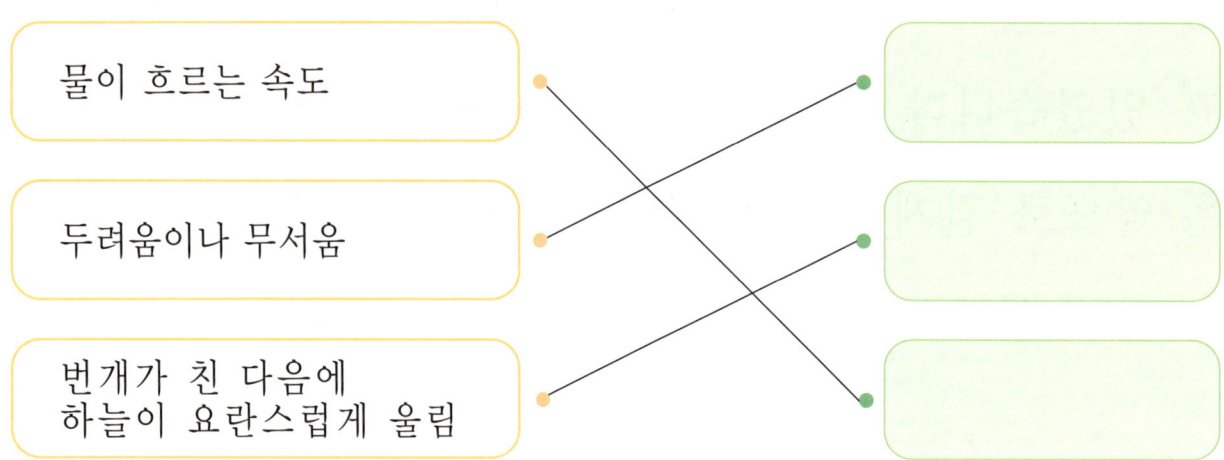

🌳 정확하게 소리내어 읽고, 바르게 써 보세요.

연못속의 물고기들이 사이좋게
[물꼬기드리 사이조케]

굵은 빗방울이 쏟아졌습니다.
[굴근 비빵우리 쏘다젇씀니다]

정확하게 소리내어 읽고, 바르게 써 보세요.

그렇게 며칠이 지났습니다.
그 러 케 며 치 리 지 낟 씀 니 다

나뭇가지 사이로 밝은 햇살이
나 무 까 지 사 이 로 발 근 핻 싸 리

햇살을 받아 반짝반짝 빛나고
핻 싸 를 바 다 반 짝 반 짝 빈 나 고

정확하게 소리내어 읽고, 바르게 써 보세요.

붕어가 입을 벙긋거리며
_{이블 벙글꺼리며}

험상궂게 생긴데다가
_{험상굳께}

옆으로 길게 찢어져 있었습니다.
_{여프로 길게 찌저저 읻썰씀니다}

험상궂은 모습을 본 물고기들은 슬금슬금 피하기 시작하였습니다.

"안녕? 나는 메기란다. 이번 비로 내가 살던 강이 넘쳐 이 연못에 들어오게 되었지. 앞으로 잘 지내자."

메기는 쉰 목소리로 자기를 소개하였습니다. 모습만 보고 겁을 먹었던 잉어와 붕어는 메기의 말을 듣고 안심하게 되었습니다.

"그랬구나. 날씨도 좋은데 우리 함께 헤엄치면서 놀지 않을래?"

붕어가 다가가서 정답게 말하였습니다.

"그래, 좋지!"

메기는 커다란 입을 넙죽거리며 붕어 곁으로 다가갔습니다. 메기는 잉어하고 붕어와 금방 친해졌습니다.

그러던 어느 날이었습니다. 연못에 갑자기 큰 일이 일어났습니다. 물장군들이 나타나 붕어와 잉어의 몸에 달라붙어서 떨어지지 않았습니다.

"아야, 아야!"

"아이, 따가워!"

붕어와 잉어는 소리쳤습니다.

"누가 좀 도와 주세요!"

그러나 아무리 소리쳐도 소용이 없었습니다. 물장군들을 보자, 다른 물고기들도 도망치기에 바빴기 때문이었습니다.

그 때, 메기가 나타났습니다. 메기는 물고기들 곁으로 다가갔습니다. 그리고 물살을 일으켜 물장군들을 모두 쫓아 버렸습니다.

"메기야, 고마워."

물고기들은 진심으로 고맙다는 인사를 하였습니다.

"고맙긴 뭘…."

메기는 빙그레 웃으며 말하였습니다. 메기가 웃는 모습이 더 정답게 느껴졌습니다.

정확하게 소리내어 읽고, 바르게 써 보세요.

읽기 120쪽

험상궂은 모습을 본 물고기들은
(모스블 본 물꼬기드른)

모습만 보고 겁을 먹었던 잉어
(거블 머걷떤)

헤엄치면서 놀지 않을래?
(아늘래)

정확하게 소리내어 읽고, 바르게 써 보세요.

읽기 122쪽

메기는 커다란 입을 넙죽거리며
　　　　　　　　　이　블　 넙쭉꺼리며

몸에 달라붙어서 떨어지지
모 메 달 라 부 터 서 떠 러 지 지

물살을 일으켜 쫓아 버렸습니다.
물 싸 를 이 르 켜 쪼 차 버 렫 씀 니 다

정확하게 소리내어 읽고, 바르게 써 보세요. `읽기 126쪽`

귀엽다는 뜻으로 그렇게 말 한 거야.
[귀엽따는 뜨스로 그러케]

나도 모르게 화가 났어.
[나써]

같이	앞으로	좋겠어
[가치]	[아프로]	[조케써]

받아쓰기

*교재 112쪽 참조하세요.

🌳 선생님께서 불러 주시는 말을 바르게 받아 써 봅시다.

1.
2.
3.
4.
5.
6.
7.
8.
9.
10.

🌳 **틀린글자다시써보기**

속담풀이

🌳 아래의 속담을 읽어보세요.

티끌 모아 태산
➡ 아무리 작은 것이라도 조금씩 모으면 나중에 큰 것이 됨을 이를 때 '티끌 모아 태산' 이라고 말합니다.

세살 버릇 여든까지 간다
➡ 어렸을 때 몸에 밴 습관은 쉽게 고쳐지지 않으므로 어렸을 때부터 좋은 습관을 들이도록 노력해야 한다는 말입니다.

낮말은 새가 듣고, 밤말은 쥐가 듣는다
➡ 자기의 말을 누군가가 듣고 있으니 항상 말조심을 해야 한다는 말입니다.

바늘 가는 데 실 간다
➡ 바늘이 가는 데 항상 실이 뒤 따르듯이 늘 붙어 다니는 사이를 이를 때 '바늘 가는 데 실 간다.' 하고 말합니다.

가는 말이 고와야 오는 말도 곱다
➡ 말에는 그 사람의 감정이 담기게 되므로 내가 상대방에게 먼저 좋은 말을 써야 상대방도 내게 좋은 말을 쓴다는 말입니다.

아는 길도 물어 가라
➡ 아무리 쉬운 것도 틀릴 수 있으므로 다시 한 번 더 확인하여 실수를 줄일 수 있다는 말입니다.

받아쓰기

1회
1. 물방울이 햇빛을 받아
2. 햇곡식과 햇과일로 차례를 지냅니다.
3. 떡국도 끓여 먹고
4. 삶은 물에 머리를 감으면
5. 일기를 읽으면서 어렸을 때의 모습을
6. 찬우의 첫돌이다.
7. 걷기가 겁이 났나 보다.
8. 밤 늦도록 잠을 자려 하지 않아서
9. 풀을 꽃 밭에 심기로 하였습니다.
10. 목숨을 잃기도 하였습니다.

2회
1. 굶주릴 때도 있었고
2. 일하기를 싫어하였습니다.
3. 보물을 묻어 두었다.
4. 아이, 귀찮아
5. 우리에게 거짓말을 하신 걸까?
6. 한 곳도 빠뜨리지 않고
7. 어느 덧 궁궐의 편안한 생활에
8. 누가 오면 어떡하지?
9. 책상 앞에 앉아서도
10. 머리를 긁적이며 말하였다.

3회
1. 하루는 맛있는 음식이 생겨서
2. 주름살이 많으니까?
3. 점잖게 음식을 먹기 시작하였습니다.
4. 옆에서 나무를 심었잖아?
5. 옷을 얇게 입고 집에 돌아와서
6. 몸을 깨끗하게 씻는게 중요해
7. 앉아서 책을 읽는 사람
8. 다시 제자리에 꽂아 놓았습니다.
9. 더 읽고 싶은 책
10. 마음이 뿌듯하였습니다.

4회
1. 나무 밑에서 좀 쉬어 가야겠다.
2. 독을 팔아서 빚을 갚는데 쓰고
3. 좋은 방법이 없을까?
4. 굵은 빗방울이 쏟아졌습니다.
5. 낯선 물고기가 헤엄쳐오고
6. 옆으로 길게 찢어져 있었습니다.
7. 그만 주저앉고 싶었습니다.
8. 깨어져서 쓸 수 없게 되었습니다.
9. 웃음짓는 선생님
10. 물살을 일으켜 쫓아 버렸습니다.